猫が教えてくれる
ストレスフリーな生き方

ニャンコ流でお気楽人生！

フランチェスコ・マーシュリアーノ
K&Bパブリッシャーズ 訳

K&B PUBLISHERS

子どものころに飼っていた
猫のベッティーナへ

彼女は私がいま知っているすべてのことを教えてくれた。
冷蔵庫の上で落っこちずに眠る方法はべつにして。

CONTENTS

第1章　家族・パートナーのこと

第2章　友だちのこと

第3章　仕事のこと

第4章　自分のこと

はじめに

猫がソファでその日3度目の昼寝を楽しんでいる。
猫がゆうゆうとオシッコしながら、「なにか?」みたいな顔を向ける。
猫がテーブルのグラスに突進し、バシッと床に叩き落とす。

そう、猫は大昔からいつも自信に満ち、独立独歩。
だれの目も気にせず、自由気ままに、堂々と生きてきた。
関心のないものにはソッポを向く生活。
人間はそうはいかない。
いつも不安や不信や嫌悪がつきまとう。思い悩む。
でも心配ご無用。猫がそばにいて助けてくれる。

この本には、猫の叡智、哲学、揺るぎない信念が集結している。
あなたが淋しいときや虚しいとき、くよくよするとき、
ここに登場する猫は、面倒な日常をうまくやり過ごす方法を教えてくれる。
あなたの人生読本となり、自分を解き放つためのサインを送ってくれる。
地に足をつけた生き方、自分を大切にする気持ちを思い起こさせてくれる。

さあ、猫の言葉を聞き、人生の新しい一歩を見つけよう。


猫がいかにも猫らしいことをしているとき、あなたはきっと、

「そう、そうなんだ！　そうやって生きるべきなんだ！」

そう気づき、満面の笑みを猫に向けるだろう。

もっとも猫は見事にそれを無視してくれるけどね。

第1章 家族・パートナーのこと

同居人たちとのつきあい方

#01 家族とのディスタンスはバランスが大切

同居する家族とうまくやっていくには秘訣があるんだ。

それはね、**家族と一緒にいる時間と、離れている時間のバランス**なんだ。**同じところにじっとしていてはいけない**んだな。

家族が部屋に入ってきたら、グイ〜ンとノビをして、さっさとバイバイ！　そのままとっとと**2階**へ駆けあがり、追いかけてきたら、ヒョイっと一瞬で**ベッドルーム**へ。ドレッサーのほうへ行くと見せかけて、**廊下**へ舞い戻り、**仕事場**に忍び込む。そこには書類を作成している**パソコンのキーボード**があるよ。それをパチパチ鳴らしながら踏む。気持ちいいんだな！　コレが。ついで、**ゴミ箱**経由で、また**1階**へ。

こっちが気ままに走り続けていれば、連中は追いかけるのをあきらめて、仕事。そこで待ち受けているのは、**ウチらだけの平穏と自由**さ。8時間ものね！　家族のことどんなに大好きでも、**うまくやっていくにはそういうディスタンスが必要だってこと！**　ニンゲンの男女関係だって同じことだよ！

家族とは、適切な距離が必要なんだよ。

家族が好きなものでも、

ぼくら
チェスなんてやったことないよ。
でもボードに跳び乗って
駒を動かしてみたらどうかな。
おもしろいかもしれないよ。

最上級のステーキも
食べたことなんてない。
でも家族がそれ食べてたら、
せっかくだから、
そっとそばへ寄って
ひと口もらってもいいよね。

ヒゲを剃ったことなんて、
もちろんあるわけない。

でも、家族が
やってることに、
ちゃんと興味を示せば、
いままでより、
もっと仲良くなれるさ。

万が一、ベッドルームに
閉じ込められちゃったら、
iPadに入ってるゲームを
覚えちゃえばいいんだし。

愛情表現にもいろいろあるよ。

#02 変幻自在な愛に戸惑わないで

愛ってやつもね、どんどん増殖していくウイルスみたいに、発展させていくことが必要なんだ。

そのためにはね、**ときには意表をついて家族を驚かせるんだ。**

ネコはいつも**変幻自在**で、**七変化しちゃう**ってことを見せてあげることだよ！

たとえば家族がちょっかいを出してきたら、たまには「**いまはイヤ**」ってイナすくらいがちょうどいい。**家族との関係に新しい輝きをもたらしてくれるのは、そういう気まぐれさ。**

もしナデナデしてきそうになったら、すかさず**目を伏せてあとずさり**する。

そいで、1時間後、だれかがトイレに入ったら秒でドアをあけて**甘えニャンコ！**「**キスして**」「**抱っこして**」って囁けば、便座に座ったまま**夢中で抱きしめるよ。**

ふと気がつくと、家族のだれかにじっと見つめられていることってある。

ときには、まさしく猫なで声で呼びかけてきたり、さ。でもウチらのほうは知らん顔して窓の外を眺めている。そういうことってよくあるよね。なんでそんなに見つめたりするかというと、

おたがいに家族だってことを知ってもらいたいからなんだ。

だから、たまにはチラッとでいいから、

愛を込めて見つめ返してあげたほうがいいな。

もし、とっつかまって抱っこされるのがイヤだったら、カーテンの陰からでもいい。そうしたらもう連中は心が通じ合ったと感激して

キュンキュンだよ。

あとは、ほっといてくれるさ。

第1章

同居人たちとのつきあい方

気にとめなければいいだけさ。

#03 家族のお友だちとのつきあい方

家族のパーティにやってきた客をサバくなんてカンタンさ。

まずは挨拶、といってもべつに声をかける必要はないんだ。

お客たちが集まっている部屋へ行き、そのまま**立ち止まらずに反対側の出入り口から出てしまえばいいのさ。**

部屋に出入り口がひとつしかない場合は、仕方がないから、**家具の陰にじっとしているか、壁際に張りついていればいい。**目はだれからもそらしたままね。

もし名前を呼ばれても、**気づかないふりしてればどうってことない。**たまには、声の主に向かって突進していくものアリだよ。勢いあまってそこら辺のものを蹴り倒したりこわしたりしても気にすることない。

悪いのは声をかけたお友だちなんだから。

ニックネームのことを
考えてみたよ

仲良くなるとさ、

ニックネームで呼ぶようになるけれど、

それも愛のあかし。

呼ばれて恥ずかしくなるようなのは論外だけどさ。

でもね、ニックネームは多くても2つまで。

いろんな名前で呼ばれたって、

そんなに覚えてられないよ。

呼ぶほうだってわけがわかんなくなるでしょ。

そのうちみんながいる前で

ぴっぴかぷーの
すっからぴょんなぷっぷらぷー

なんて呼ばれた日にゃ、

長年苦労して築き上げてきた

名声やプライドをドブに捨てることに

なりかねないからね。

だからもう、

ニックネームは2つもあれば十分。

#04 最高の贈り物は"あなた"なんだ

「愛してるよ!」なんて、わざわざ言うことないんだ。

言葉より大事なのは、気持ち。

その気持ちを伝えるのは「贈り物」よ! でも、なんでもいいってわけじゃない。いちばんは**手作り**だね。それも**時間**と**労力**がたくさんかかってるやつ。

ラッキーなことに、あたしたちは獲物を捕らえるのに必要なスキルを持ちあわせている。その**獲物を贈るのよ。** トッピングをいただいちゃった**ケーキの残り**とかでもいいけどね。

そうだ、どっかに**リボン**があったな。**あれを自分の体に巻きつければ、そのままゴージャスな贈り物になる!** それがメンドウがなくていいね。自分自身を贈り物にするってわけ。

あなたもさ、かわいいテープで**自分をグルグル巻きにして、彼にプレゼントしたらどう?** 彼の心に刺さるよ〜、ゼッタイ!

彼がほしいのは、あなたなんだから!

この「贈り物」、受け取ってね。

思い通りには、ならない。

家族のなかには、しょっちゅうウチらにかまってもらいたがるやつがいるんだ。ついさっきナデナデさせてやったばかりなのに、またかよ、と思う。**こういう自分勝手な連中にはいいかげんうんざりする。**

運悪くとっつかまって、手首に爪を食いこませても、「わるい子だ〜、あっはっは」なんて笑い飛ばされるのがオチ。始末に悪い。**こういう連中ときたら、こちらの都合なんか、おかまいなし。もしそういう自己中に声をかけられたときは、その場を動かずに知らん顔してるしかない。**そのうち、ああ眠っているのかと思うだろうよ。でなきゃ家具の後ろへまわり込んで「いま遊んでいるヒマないんで」と態度で伝えるのさ。そうすると自己中が「キャットフードや獣医に払うお金はだれが出していると思ってるんだ！」なんて偉そうなこと言ったりする。**もちろんそれは無視！**

避けられたり無視されたとわかれば、どんなに自己中なやつでも気づくよね。かまってもらってホイホイ素直になるのはワン公だけだって。**ウチら、そうはいかない。**

さっきナデナデさせて
やったばかりなのに

甘えたいときに、甘えればいい。

#05

愛はシンプルに伝えたほうがいい

愛は複雑！って思ってるようだけど、じつはとってもシンプルなんだ。

甘えん坊ぶりを発揮すれば、愛はシャワーのように降り注いでくるよ。まずは、だれかの**膝の上**の、**いちばん居心地いいところを確保**するんだ。そこに飽きたときには、**さっさと立ち去る心の準備**も忘れないようにしとく。

座ってるうちに、膝がしびれてくる。膀胱だって、ぼくらの重さでガンガンに緊張状態になってくるよね。でも、ぼくらのことが好きだから我慢に我慢を重ねるのさ。

そのときですよ、**大切な愛の教訓**をもたらしてくれるのは！

「大いなる愛には、大いなる犠牲がつきもの」だってね！

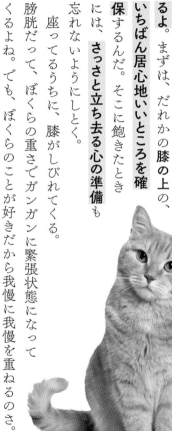

#06 親密な関係を保つための3つの秘訣

1
「好き」っていう気持ちを
相手に悟られないこと。

2
パートナーが派手なオナラをしてしまっても、
それをかわいいと思えるきみでいること。

3
パートナーを抱きしめたくなったら、
眠っているあいだにね。そうすれば
おおげさにうれしがられずにすむ。

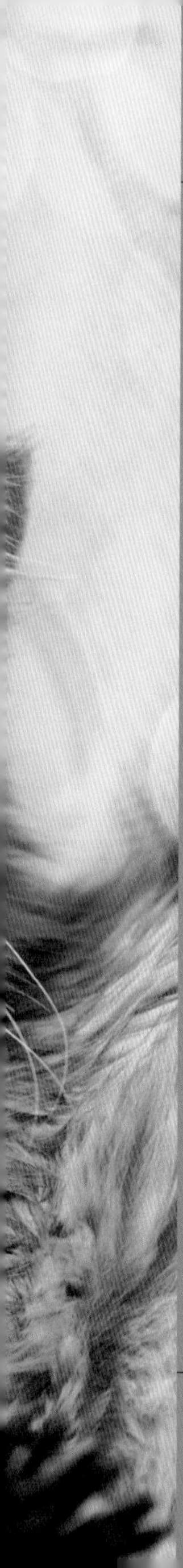

第1章

同居人たちとのつきあい方

ニャンコは見た！

ウチらには見えないとでも思っているのか、
ニンゲンってやつは、平気で鼻クソをほじったり、
見たくもないような下品なことをする。
そのくせ、なにかというとベッドルームに閉じこもって
ドアに鍵をかけたり、シャワーを浴びるときはカーテンをひいて、
自分たちのプライバシーを守ろうとするんだ。
どうしてか？
いうまでもないさ、ドアやカーテンの向こうで、

よからぬ行為にふけっているからだよ。

もちろん、こちらにも、彼らが何をしているのか知る権利はあるよ。
「ここ開けろ～」ってね。
でもね、たいていの場合、覗いたら最後、

おいおいこんなシーンは見なきゃよかったって、
悔やむことになるんだけどね。

第1章 同居人たちとのつきあい方

#07 縁を結んだら、ふたりのモノは共有物

縁を結ぶっていうのは、これまで別々に溜め込んだ持ち物を一緒にして、愛のすみかに詰め込むってこと。

おっと、ぼくだってき**みらふたり**と縁を結んだんだぜ。

だから、**ふたりのモノはぼくのモノ**になるっていうのも自然なハナシ。ふたりが持ってたものを、手の届かないところへ置こうが、上手に隠そうが関係なし。**おたがいの共有物なんだよ。** こっそり持ち出したらきっと「**ニャンコに盗まれた！**」って騒ぐけど、気にしない気にしない。

さっそく**靴下**でもくわえて逃げまわってみよっかな。アイスティーから**氷**をひとついただいちゃってもいいかな。**マティーニのオリーブ**もわるくない。**21年物のスコッチウイスキー**とやらがどんなものか味見してみるのもワクワク。あらゆるものがおもちゃになるんだ。

ウェッジウッドのカップだって共有物。**ひとつやふたつこわしたって問題ないって！**

一緒に暮らせば、みんなのものさ。

愛する家族との週末。
最近はいろいろめんどうだからと、
ソファでべったりくっついたまま
寝転がって終わることが多くない？
そんなときには自分ひとりの休日を
どこかで過ごすのがいいね。
こっそり抜け出して。
数時間したら、
家族は、いなくなったことに気づいて、
目の色変えて探すよ。
ここからいつもとは違う週末！
ヒートアップ！

週末は刺激的に！

家族は床を這いつくばって探し始める。
ぼくらの大切なあいつ、
一体どこに行ってしまったんだろう？
庭のどこかに隠れちゃったか？
はたまた見えない死角に身を潜めているのか？
目を皿にして、彼らは探す！
つまり家族はこれまでにない新しい冒険を始めるわけだ。
そのうち夜が更ける？　それとも朝になる？
ウチらはひょっこり家に帰る。
そこで始まる家族たちの
冒険譚を聞いてあげよう。
どれほど一所懸命探したことか！
心配のあまり、
あっちへ行ったりこっちへ行ったり！
これ、ウチらと家族がつくりあげた
脱日常のひとコマだよ！
うれしそうに話し続ける家族たちを、
温かく見守ってあげればいい。
ウチらだって思わずニヤリだ。

#08 信用できる人、信用できない人

世の中には嘘をつく人もいるし、見た目は良くても中身が残念な人もいる。

頭ン中は空っぽなくせに**利口ぶってるやつ**もね。

そんななかで、**この人は**だいじょうぶと推薦できるのは、**毎朝決まった時間に起きて、きちんとごはんを出してくれる人**だよ。心から信用できるね。

信用できないタイプもあげておこうか。

まず、**朝起きて食事の用意をする前にシャワーを浴びるやつ。自分の朝食を先に準備して食べようとするやつ。ウチらの好みを無視してとつぜんキャットフードを変えるやつ。ごはんにこっそり薬なんか混ぜるやつ。ごはんのすぐそばに水を置くやつ。自分のぶんを食べてから仲間の皿に口をつけようとしたときに、コラ!っと怒るやつ。**

きみもこういう類にあたってしまったら、もう**独りぼっちで生きてるのも同然**だと心得るしかない、ね。

信用できるのは、毎朝ごはんを出してくれる人。

感謝の気持ちは しっかり伝えて

ウチらニャンコさまによく話しかける家族がいるけれど、そうそうニンゲンの言葉がわかるわけじゃない。たとえば「ありがとう」って言われたって、伝わるもんじゃないんだ。要するに、言葉じゃないいってこと。

前にも言ったけど、気持ちが大切。簡単な仕草でいいけれどしっかり感謝の気持ちを伝えることなんだよ。

たとえばパートナーからのプレゼントなんかも同じ。もしもプレゼントが2つもあったら相当おおげさに「ありがとう」の気持ちを示さないといけない。さもないと、あなたはもうはなんにももらえなくなるよ。

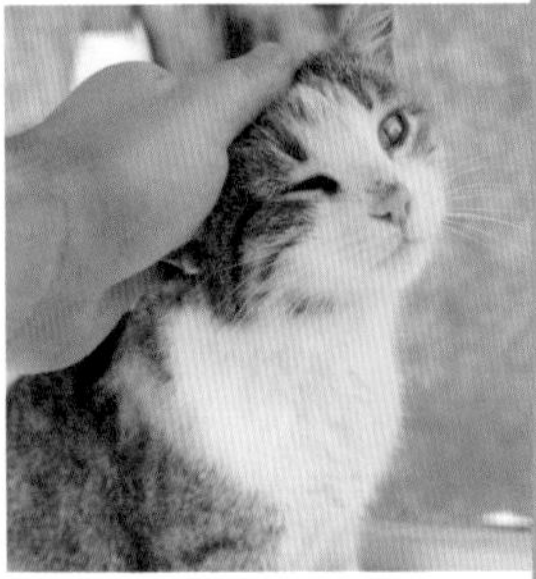

それでウチらの場合、なにももらえなかったら、きみの手首からほどけてきた包帯にじゃれつくのが、この世でいちばんうれしいおもちゃだと

……どういう意味か、

ウチらの気持ち、わかる？

自分に言い聞かせるほかないんだ。

#09 なんのための愛か、をはっきりさせる

愛ってのはね、ただやみくもに注げばいいってもんじゃない。

愛してるのが当たり前になってきたら、なんの価値もなくなってくる。 だいたい家族たちへの愛なんてめったに見せないほうがいいんだけど、**見せるときはしっかりと「目的」をもつことだ。**

具体的に話しておこうか。

夜中にね、同じベッドにいる**家族のあごに頭を押しつける。** グリグリとイヤというほど。**鼻を舐めるんだ**って、思いっきりね。鼻の穴の中まで舐めるんだ。遠慮なく徹底的に、奥までだよ。そしてね、**顔の真ん中にド〜ンと座るのさ。** ずっと！ 酸欠になってその顔が青ざめるまで！ **これが「目的」をもった愛だってわかる？**

早いハナシ、朝4時には家族を**ベッドから引きずり下ろす**ってこと。**早く朝食を用意してほしいからさ。** ベッドで窒息死したいニンゲンなんてそういないはずだよ。

目的のために、愛のアピール。

第1章

家族・パートナーのこと

ニャンコは、かすがい

え？ オマエ、最近**同居人のふたりとうまくいってない**って？

そうか、無視されたりしてるの？

そういう場合はね、オマエの存在価値をあらためて同居人に知らせることだね。ふたりの関係がもっと良くなるように、手を貸してやるんだよ。

ふたりがちょっといいムードになってきたら、**そのあいだに割り込んで、**ぴったりくっつくような接着剤になってやるのさ。何かが始まったら、秒でその体によじのぼるんだ！

どんなにうねりまくる場所でもいい。しっかりつかまって、**いつだってぼくはふたりのそばにいてあげるよ**ってアピールすればいい。

でもなかなか始められないでモジモジしていたら、率先してベッドに跳び乗り、**生まれたままの姿がどんなに素敵かを見せつけて、**ふたりがさっさと下着を脱ぐようそそのかすんだ。

そうやって、いつもふたりのためにそばにいてあげれば、彼らだってもっと大切にしなきゃって思い直すはずさ！

話したくないときだってあるよ。

#10 ときには、だんまりを決め込む

愛する人と一緒に暮らすって素敵なんだけど、ひとつ落とし穴がある。

いつでも会話に応じなければならないってことだよ。

ウチらも同じ。夕食のときにも、ただ窓の外を見ていたいときにも、駐車場に身を潜めているときでもそう。だれだって、**ただ黙っていたいときがあるじゃない**。ひとりでいるときみたいに。でも、ふいに話を振られてなんのことかわからないときや、話題に興味がないときは、そのまんまスルーして、**だんまりを決め込んじゃえばいいんだよ**。

応じなきゃいけない義務なんてない。

相手が話を続けていても、きみはただ**自分自身の思い**に浸って、省エネモードに。自分の殻に閉じこもっちゃう。そいでときどき薄目を開けて、**向こうがムッとして部屋を出ていくのをチェック**。

そうなったらシメたもの、きみは**ソファを独り占め**してノビノビできるってもんさ。

第2章 友だちのこと

ニンゲン関係と社交術

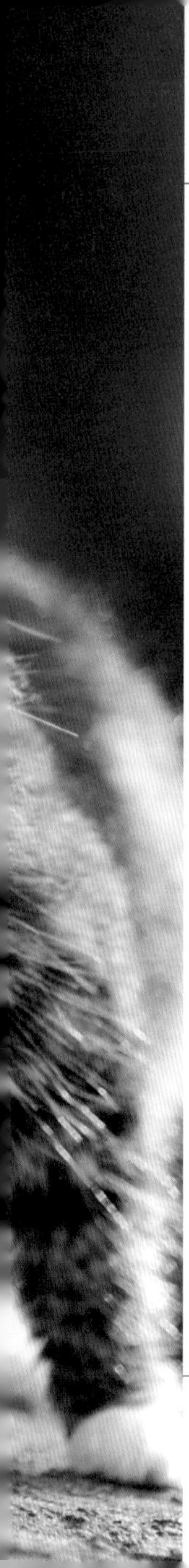

#11 おたがいハッピーになる関係がいい

友だちって何だろう？ ただの知り合いと友だちとの違いって？

むつかしい問題のようだけど、**答えは簡単。**

要するに、**自分が困ったときに助けてくれるのが友だち。**ウチらにだって**できないこと**もあれば、**やりたくないこと**もある。**それを喜んでやってくれるのが友だち**って思えばいい。

たとえば、棚のいちばん上に手が届くとか、缶のふたが開けられるとか、爪にひっかかった糸くずを外してくれるとか。ウチらのためにこまごまと忙しくしててくれれば、一緒にいてもメンドウなおしゃべりにつきあう必要がないしね。つまらない話も聞かされずにすむ。これ、**ハッピー。**

ウチらがハッピーなら、もちろん友だちだってハッピーになるさ。そういう関係。

友だちがハッピーなら、ハッピーさ。

バカまるだし

そりゃあウチらにだって、自分の意見というものがあるさ。まわりのニンゲンも同調してくれるようなね。でも残念ながらニンゲンとは言語中枢が違うもんだから、なかなかうまく伝わらない。

だから黙ってる。

アニメのたかが絵のキャラクターでさえしゃべれることがしゃべれないなんて、そりゃ残念だよ。

余計なお世話なヤツっているから注意しなきゃだよ。

でもだからってあまりしゃべらないでいると、ひどいことになる。ときどき勝手に代弁しちゃうアホな仲間がいるからね。

には注意

バカまるだしの口調で「ごはんおいちー」とか「抱っこ抱っこ」とか「あたし、おトイレできた〜」なんてね。

これじゃあ、ウチらがいつもこんなことばっかり考えていると誤解されちゃうよ。

#12 新しい友だちは、きちんと見極める

新しい仲間をつくるときって「こんにちは」って言いながらも、一方で相手をしっかり"ふるい"にかけなきゃいけない。

そのためには、**「友だち」とは何か**っていう、**自分自身のポリシーを相手に伝える**ことだ。

相手がおずおずと近づいてきたら、**じっと見つめながら、目で問いかけるんだ。**「きみ、なにかイイもの持ってる？　マタタビとか」。反応がないときは「持ってないんだったら、昼寝に戻るよ」だね。

でも、もし**にこやかに手をさしのべてきたら、ただじっと見つめ返す。それでも相手が手を引っ込めなかったら**、そこでようやく**友情が成立**だ！　ウチらは心を開き、相手は心ゆくまでおしゃべりができるってわけさ。

友だちになれる?

昔はね、お正月に集まった親戚の前で、うっかりしでかしたことを暴露されて笑いものになったもんだ。でもま、お正月だし、身内のあいだだからよかったんだけどね、いまはSNSなんてものがあって、その「うっかり」が毎日100万もの人目にさらされるんだぜ。

たとえば、〈靴の箱にはまって抜けられなくなった猫〉とかタイトルをつけられてさ。〈大口あけてねんねしてる子猫〉とか、〈なぜかタオル掛けのうえで寝るニャンコ〉とか、〈突然ピアノを弾くネコ〉とか、〈トイレに頭から突っ込んでるぞ〉とか。ウチらがうれしいとでも思ってるんだろうか。たまんないよ〜。

きみもね、こういうことをしないように注意しないとダメだよ。ウチらに限ったことじゃないんだから。うっかりしたら万人のお笑いぐさだよ! 口の動かし方ひとつにもご注意、だよ。しっかりガードさえしていれば、ネットなんてやつのさらしものにならなくてすむんだから。

第2章

SNSなんて大キライ。

ニンゲン関係と社交術

#13 友だちづきあいは平等主義で

まわりの仲間を、テキトーなつきあいですませたいやつと、マトモにつきあいたいやつに分けるとしよう。

すると、前者は**少しばかり傷つき**、後者はうれしさあまって、つい**厚かましくなってきたり**する。じゃあ**恋人**になろうか、なんてね。

よくあるハナシだけど、それはそれで**メンドウ**。

だからね、**どんな友だちでもみんな下に見るようにしてるわけさ。** **公平にね。**

だいたい**ウチらは生物界でも最上位にいるんだしね。** こちらからしたら、みんな下のほうだから平等になっちゃうってことだよ。この理論、どんなおバカでも理解できるでしょ？

きみも**ニャンコさまを真似れば友だち関係はうまくいく**はず。

どんな友だちでも公平さ。

ときには、心の底からムッとするようなやつらに囲まれることもあるよ。**招かれざる客たち**とか、**やんちゃでどうしようもないガキども**とか。そういうやつらに出会って**ガマンの限界**を超えたら、オマエら**マジむかつくんですけど**ってことを思い知らせてやる。たとえば体をがっちがちに硬直させて、嫌悪感をむきだしにするとか、目を見開いて相手を睨みつけ、全身を震わせて思いっきり威嚇するとか。もし相手が近づいてこようものなら、牙をむいて

「シャーッ!!」をかます!

怒り狂ったワン公の唸り声より効果があるはずだよ。

そうそう! イギリスの女優マギー・スミスですよ! テレビの『ダウントン・アビー』で、うっかり下僕のとなりに座ってしまったときに見せるあの威圧感と、無言で一発ノックアウトする態度や表情だよ。あれをやればいい。

ガマンの

#14 友だち未満のつきあいがいちばんいい

友だちもいいけどね、あんまり増えるのもナンだよね。

覚えておかなきゃいけないことが多くなるしさ。

たとえば**みんなの名前**とか、みんなが**ウチらをなんて呼ぶか**、とか。しぶしぶ参加した集まりから、あとくされなく**そっと消える方法**や、**ひとりになりたいときの、そっと隠れる場所も確保しとかなきゃいけない。**

そのためには「**友だち未満**」がいちばんいい。その程度の関係なら、**あれこれ気をつかう苦労もしなくてすむよ。**しょっちゅう会おうなんて言われなくてすむし、連絡を取り合うこともほとんどなくなる。葬式だって、簡単なお悔やみで十分。日ごろはちょこっとスカイプで顔を見せるだけで喜んでくれるしね。

気兼ねがいらない関係がいいね。

犬よ、騒ぎすぎるな

「犬よ、騒ぎすぎるな」
という言葉があるのをご存知？
ワン公は吠えれば吠えるほど、
知性がないって思われるって意味だよ。
ウチらは違うね。
ガキのころは別にして、たいてい静かにしている。

窓辺でじっとしてるだけで、
沈思黙考している哲学者に見えないか？
ときどきボーッとして落っこちたりしたって平気。
あまりに考えにふけり過ぎたんだって思われる程度。
あなたもワン公みたいに
ギャンギャン騒がないほうがいい。

かわいいと思われなければね。

#15 かわいい、が最強なんだ!

「かわいい」ことがいちばん。かわいければなんだっていい。なにしたっていい。

かわいくしてれば、**みんなのココロを独り占めさ。**みんな**骨抜き**。みんなが**味方**。

この件に関してはウチらが代表だな。たとえ**ツナごはん**を用意してくれていても、家族たちが食べてる**ステーキ**のほうがよくなったら、テーブルに跳び乗って端っこをちょっといただき! かわいいフリしてね。

家族たちは、怒る気になれない。

愛され力ってやつ!

世界はウチらのものだ。あなただって、そう。**かわいいと思われるようにしてれば、人生最高!**

第2章
ニンゲン関係と社交術

#16 他人の喜怒哀楽は、スルーする

ニンゲンっていうのはホント気分の変わりやすい生きモノなのだ。

満面の笑みを浮かべていたかと思えば、次の日には大切な書類がビリビリになってるのを見つけて、**癇癪を起こす**。**とばっちり**を受けるきみも大変だな。でもコレ、要するに「**昨日の友は今日の敵**」ということなのだ。だからきみもご注意。**いつもニンゲンとは十分な距離をとっておくことさ**。それがカシコイつきあい方というもの。

たとえ相手がどんなに怒り狂っても、まったく**意に介さずのらりくらり**、「あくびが出るほど退屈なんですけど〜」って態度で、**知らぬ存ぜぬを決め込むのがいい**。そうすれば向こうだって、そのうち怒鳴った自分が恥ずかしくなってくるはず。

そう、今日**平和で穏やかだから**って、明日になって、こわれた骨董品を見たら、ぜんぶまたきみのせいにして**八つ当たり**するよ。でも最初っから、それがニンゲンなんだと**割り切ってしまえばどうってことないさ**。

なにか怒ってるようだけど、どうしたの?

きみが眠れば、世界も眠る。

ときどき、自分より友だちのほうが素敵な時間を過ごしてるんじゃないか、なんて不安になることがある。

寝てばかりじゃあ、最新の話題についていけないんじゃないかとか。

いやいや、そんなこと考えて焦ってるときはさっさとベッドに入って1日16時間、

しっかり眠ることだ。

そいで、ためしに
夜中の2時に
起き出してみるんだ。

ほら、みんな寝てるだけでなんにもしてないんだよ！

これ、ネコなら
みんな知ってることだったんだ。
そう、もう一度自戒しておこう。

世界はネコなしでは動かないってこと！

#17 勝手なトークには聞き上手に徹する

よくいるんだ、やたら一方的に話しかけてくるニンゲンって！自分勝手な弾丸トーク。

あれイラつくよね。

とくに、食事を用意するのも忘れてしゃべりまくるやつ！

でもよく考えれば、あれってウチらの受け答えを期待しているわけじゃないんだ。あれはね、**だれかに聞いてほしいだけ**なのさ。自分のママなんかだと「だから言ったじゃないの！」とかって、話の腰を折られるに決まってるからね、関係ないウチらにうっぷんを晴らしてるだけなんだ。

だからそういうときはね、相手の目を見つめてから、その胸にぴったり張りついて、2分おきくらいに**ウンウンとうなずいてあげればいい。しゃべるだけしゃべらせて。**

それからおもむろにキッチンへ誘う。そしたら相手も気づくね。話を聞いてくれたお礼に、少しごちそうしてあげなくちゃって。

そんな話は聞き流しておけばいいよ。

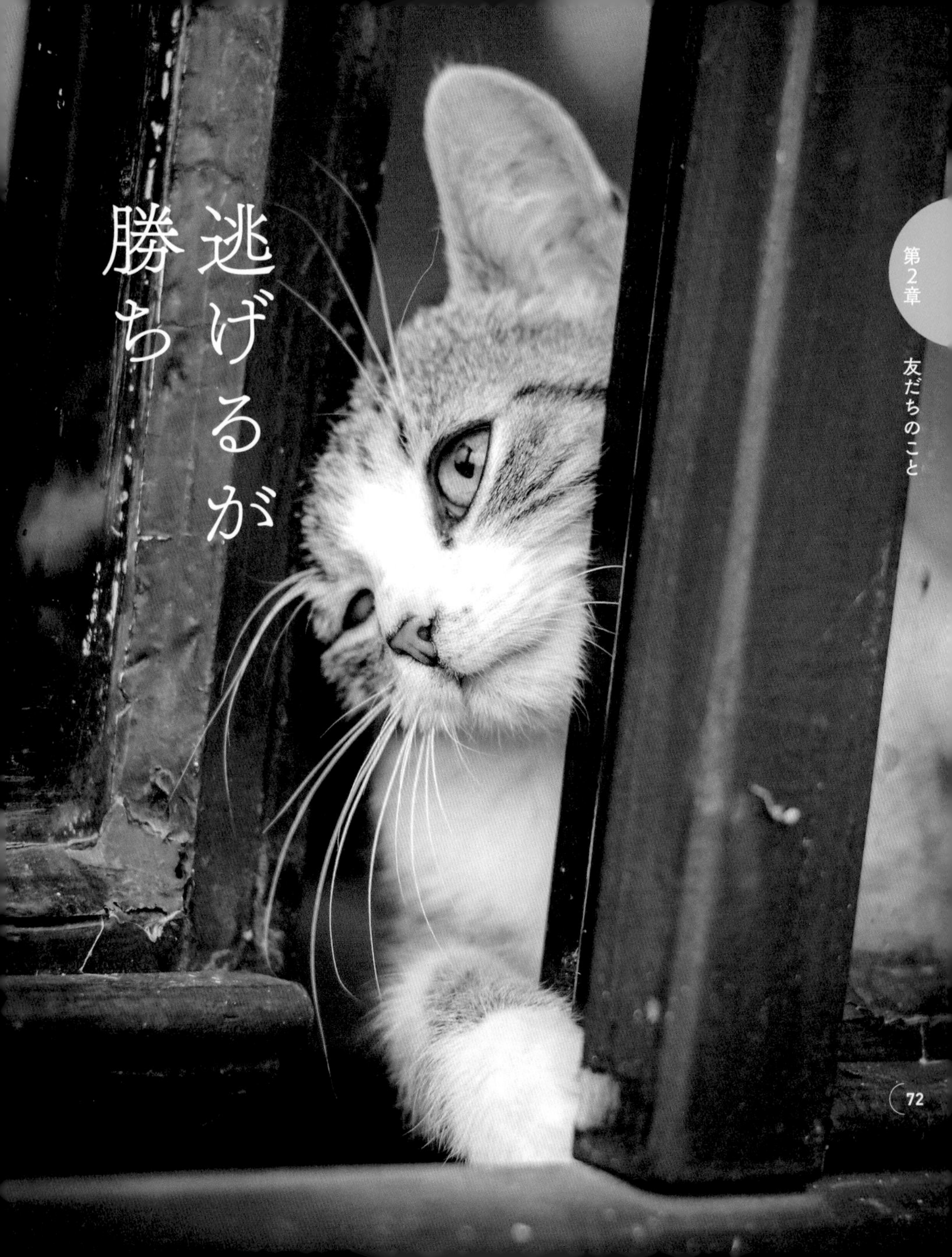

逃げるが勝ち

くだらないおしゃべりを延々と聞かされたら、だれだって逃げだしたくなるよね。そういうときは3歩あとずさりし、 秒できびすを返して、姿を消す。

どっかへもぐり込むのが得意だから、それもあれこれ試してみる。小さな箱の中で体を思いっきり縮めるのもいいかな。下着入れとか。瓶の中もアリかな。キッチンタオルの芯とかね。

おっと、ひとつだけ注意だ！ 必ず頭から突っ込むこと。お尻から入って、顔が出てたら意味ないからね。ウチらの顔めがけて、くだらない話の続きがまた降り注いでくる！

#18 ウザい話を終わらせる3つの方法

1
話の途中で立ち去る。
途中、というのがキモ。

2
トイレに行ったばかりの前足を
相手の唇にそっとあてる。

3
押せば
おやつが出てくるスイッチ
とばかりに
相手の鼻を肉球で押しまくる。

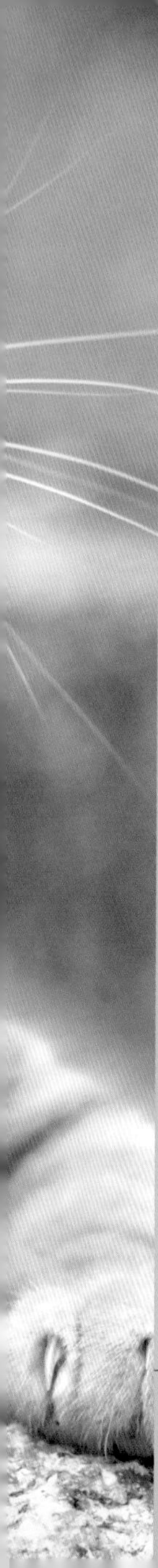

第2章 ニンゲン関係と社交術

#19 大勢の人の前には行きたくない

だいじょうぶ。だれもが社交家ってわけじゃないよ。

ニンゲンが大勢集まっていると、つい尻込みしたくなることもある。ニンゲンなんか、時空のかなたへ行っちゃえばいいのにって思ったり。**みんながパーティ好きだってわけじゃない。**たいていニンゲンのパーティはウザい。

じゃあそんなときどうするか。次の**3つの場所を順ぐりにめぐっていく。**まずは食べ物が乗ってる**テーブルの上**だ。理由は言う必要ないな。

それから**トイレ**。いうまでもない、ここならひとりになれる。3つめは、**窓際**だ。窓の外を眺めたり、足もとや出口のほうをじっと見てるうちに時をやり過ごせる。

きみだってそうだよ。気をつかって人のあいだをグルグルまわっていると、自分では気づかないけど、**巡回点検しているのかと勘違いされるよ。**

なんとか時をやり過ごそう。

第2章

友だちの

（客猫）としての心得

**よその家に行ったら、
勝手にうろうろしちゃいけない。**

どこになにがあるかだってわからないんだもの。ルールだって自分ンちとは違うし。だからってウチらがひとンちのルールをつくれっこないし。

**ノドが乾いたからって
そこらへんの液体を
テキトーに飲んじゃダメ。**

その家の人にちゃんと頼まなきゃ。もしなにかをこわしてしまったら、いつもみたいにため息ひとつでは許されない。「コラッ!」で始まる罵詈雑言が飛んでくるのを覚悟しなきゃいけない。

#20 パーティの流儀

だれともしゃべらない。だれのことも見ない。

会場に入ったら、さっさと食事が並んだテーブルへ直行して、大皿に顔を突っ込む！　まわりの客たちはエビかなにかを探していると思うかもしれないけど、ほっとく。顔をあげるのはまだ早い。こういう傍若無人な行動で、**自分が主役なんだと高らかに宣言**するんだ。**このパーティは**メインの肉料理が出てきたところで、おもむろに顔をあげればいい。**食事のパーティではこれがウチらの流儀なんだけどね。**

ニンゲンのきみには、ここまでやるのは無理かな。

ま、同じようなもんだと思うけどね。

パーティでは好き放題やらせてもらう。

第3章 仕事のこと

キャリアを積み上げるということ

#21 急所をつかむ人脈づくりを心がける

「人脈をつくる」ということと、友だちをつくることとはまるで違う。

新しい関係がもてそうな人と会い、**能力や魅力をアピール**し、ともに**信頼関係を築くための土台をつくる**。揺るぎないパートナーシップだ。それを人脈づくりというが、もちろん集まった連中が**魅力的でなかったら、さっさとサヨナラ**してもいいんだ。

まずは、自分が**相手にとって得になる人材かどうか**を知ってもらうことが大切。

アピールしたら疾風のごとく去る。

どうするか。重要なのは**相手の急所をつかむこと**だね。ビジネス・ミーティングの場に顔を出したら、すぐさま**ソファ**に跳び乗り、堂々と前を見つめながら歩く。居合わせた人たちの股間を踏んづけながらね！　それから静かにすっと立ち去る。

するとどうなるか。会議の参加者たちは、**唖然として息をのみつつ**「疾風のごとくやってきて、**いきなりいなくなったアイツはだれだ!?**」と騒然となるはず。廊下を立ち去るころには、**ウチらの名前が容赦なく彼らの頭に刻まれているという寸法だ。**

同時に、なんだかわけはわからんが、とてつもないプロジェクトに挑もうとしているのかも、と印象づけることにはなるはずさ。

仕事をしたことがあればわかるだろうけど、大切なのは仕事をさっさと終わらせることなのに、ミーティングで、どうすれば効率的に仕事をこなせるかって延々と話し合う。ミーティングはこうしてムダな時間を使う。こういうムダは回避しなきゃな。

答えは簡単さ。みんなが眠るころに仕事を始めればいい。午前1時ころからだね。深夜だからうるさくしちゃいけないなんて気にしなくていい。むしろ、オフィスを中心に半径80キロ以内に住む仲間たちに聞こえるくらい騒がしくしていい。ウチらがなにかドデカイ仕事を始めたと気づくくらいのね。朝の5時くらいまでガンガン好きなようにやるのさ。5時になったらスタッフを呼んで朝ごはんを持ってこさせてもいいだろう。まあきみらも夜型のウチらを見習えっていうことだね。そうそう、万が一スタッフが自分のワンコを散歩に連れてきたりしたら、容赦なく始末書だ！

猫のように夜型になれば成功する？

みんなが働いていない時間に働けばいいのさ。

#22 デスクはいつもきれいに整頓する

仕事を始める前には、デスクの上にあるものはなんでもきれいに片づけ、ピカピカの状態にしなきゃいけない。

未決書類に**既決書類**、**To-Do リスト**、**筆記用具**や**携帯**、**パソコン**、それに**コーヒーカップ**などなど。仕事に集中するためには、突っついたりかじったりして遊べるようなものは、**きれいに床に払い落とすのがいちばん**なんだけどね。そうすれば同僚たちだって、**仕事に対する心構えを見習うだろうし**、**いましめにもなる**。

まあ、そもそも同僚たちがウチらの真剣さをもう少しわかってくれれば、そこまで払い落としたりする必要はないともいえるんだけどね。

余計なものは机の下に一掃。

会社で同僚との対立が激化したって？

専門家ならこう言うな。
「職場で縄張り意識を取り払うには、
双方の共通点を見つけるのがいちばんだ」とね。
一理ある。とはいえ、
そうそうライバルは消えてはくれないよ。別のライバルだって現れる。

だったらいっそのこと、
ライバルと共存しようなんて
考えはやめて、相手が嫌がることを
徹底的にやってみたらどう？

廊下で会ったら後ろから飛びかかる。
椅子から突き落とす。ランチを横取りする。
トイレでカチ合ったら、
思いっきり突き飛ばして占拠する。

大切なのは、「ここはウチらの縄張りなんだ」と徹底的に境界線を引くことだよ。そうすれば、ライバルたちは立場をわきまえて会社のどっかに隠れてしまうさ。昼寝をしたり、医者に出かけるときだけ、そっと姿を現すという次第になる。

ニンゲン社会もウチらの世界もそう変わらないね。

昨日の敵は今日も敵。

あとはみんなにまかせればいい。

#23 チームで動くメリットを知る

ひとりで成し遂げれば、栄誉は自分だけのものさ。だけど、ひとりだと逆風にさらされることもないわけではない。

たとえば、「おい！　ワインのグラスに足なんか突っ込むんじゃないよ！」なんてね。

でも、もしウチらが何人かのチームの一員として、共通の目的に向かって一緒にがんばっているとしたら話は違う。そのプロジェクトがあらぬ方向に進んでしまっても、**チームの面々に「なんだかわけがわかんなくなっちゃった」という顔をすればいい。**そうすれば、ホットケーキミックスの粉まみれになっていたとしても、ひとりで責任を負う必要はないよ。**チームのみんなが後始末を引き受けてくれるさ。**

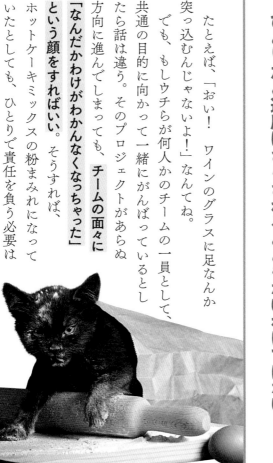

どんなに
話しかけられても、
反応はいつも

なに言ってるのか わかりませ〜ん

わかりませ〜ん

言葉が通じない！っていうのも
悪くないよ。いつだって、ただただ
その繰り返し。
それが続くうちに、
すっかり自由になっていくんだ。

みんなはミーティングに誘うことも
あきらめるだろうし、議論もふっかけない。
なにか説明しようとしても

ダメだ、こりゃ

となる。

話だけでも聞いてくれない？　とも言わなくなる。
怒ることも、なにか頼むこともなくなる。
そこで無邪気に落ち着きはらって、
社長の誕生日パーティかなんかに
持ち込まれたケーキなどパクつけば、
みんなはそんな姿を見てこう思うしかなくなる。

しょうがないなあ、もう

そこまで言わせてしまえば、
ウチらの勝ちさ。

#24 自分だけバズればいい

昨今の世の中、目立ったもん勝ち、なんだ。自分からアクションを起こさなきゃダメ！

自分自身をバズらせるんだ！

言葉で通じなかったら、態度で示す。**同僚の膝に乗っかる**とか、**ランチの皿に寝そべっちゃう**とかさ。猛烈に自分を**アピール！**

「**ほら、アタシを見て♡**」ってね。つまりは、いやがおうでもみんなの視界に居続けるってこと。ググっと相手の顔にきみの顔を近づけてね。ド〜ンっと、かまえる！

そのうち、ついには相手も折れる。「**わかりましたよ。きみはどうしてほしいの？**」そこまできたら**もう世界は自分のもの**。といって、ほしいものを相手に教えてやる必要もないからね。こちらはただ黙って、じっと相手を見つめているだけでいい。望みなんて、相手に考えさせればいいんだ。**ウチらは君臨するだけでいい**。**頭を働かせるのは、下々《しもじも》の仕事。**

世界の中心に君臨するよ。

パソコン以上に快適なツールはどこにもないね。

仕事中の休憩もいらないくらいだよ。ヒマをもてあますこともない。
「あ～ 忙しい！」って快感さえ与えてくれる。

パソコンは世界とウチらをつないでいて、外界とつながっているからココロも温かい。たまに聞こえる電子音がイラついた気分を落ち着かせてくれるし。キーボードに背中を押しつければ、凝った体をグリグリ揉みほぐすこともできる。電源コードはマタタビみたいだけど、舐めてもかんでもピクともしない。キーとキーのあいだにある溝は、うっかり眠ってしまったときのヨダレの受け皿になってくれる。

まわりの人を見てごらん。みんなめっちゃ楽しそうにパソコン使っているでしょ？ ウチらだって楽しまなきゃ。

さあ、ネットの快楽世界にダイビングだ！

第3章 キャリアを積み上げるということ

#25 お気に入りの隠れ場所を見つけておく

とくにビジネスの世界っていうのは要求が多くてマイッちゃうよね。

ニンゲンが棲息する場所はどこでもそうなんだけど。

ウチらなんて、どこにいても、しょっちゅう名前を呼んでは**探し出される。**どっか高いところにでも上って昼寝でもしようものなら「**さっさと下りてッ！**」とくる。ウロンな目で睨むと、**せっかく起こしてあげたんだから**感謝すべきだろなんて、**生意気なことをほざく。**

そんなやつらに翻弄されないための対策。

1時間でも3時間でも、**隠れていられるところを探しておくこと**だよ。オフィスから遠いところじゃなくていいし、体がぜんぶ隠れてしまう必要もないさ。ただし、もし無理にひっぱり出すような気配がしたら「**おまえら血ぃ見るぞオーラ**」だけはしっかり出しておくんだけどね。

要求ばかり多いやつらからの避難場所を確保。

マーキングなんて
ニンゲンには無理だって？
じゃあどうする？
方策を練らないとね。

ショックで口がきけなくなる同僚がいるかもしれない。あわただしく、警備員を呼ぶ声が響くかもしれない。「なんでわざわざ社長や社長の家族の写真に狙いを定めるんだ!?」なんて声も。そう騒がれても、オシッコの最中だからね、途中で止めるわけにはいかないよ。そもそもなんで止めなきゃいけないんだ？　オフィスのドアは「ようこそ」とばかりに開けっ放しで、しょっちゅう人が入ってくる。いろんな人でごちゃまぜになることもある。だからこそ、気に入った場所をぶんどり、仕事を拡げなきゃいけない。最後の数滴を出しきったあとは、次の縄張りをとるためにさっさと移動さ。

仕事だって、
きみらなりの
マーキングは
欠かせないはずだよ。

#26 やりとげるよろこびを知る

困難なプロジェクトに取り組んで、なんとかやりとげたあとは、
そりゃあすこぶる誇らしい気分になる。

ウチらは満足そのものだ。

「たいへんな時間と労力をかけて、やっとのことで突きとめたよ。従業員用のトイレットペーパーは、1ロールが1000枚のシートでつながっているぞ！」

結果こそが大事だよ。

ウチら、目にしたものならなんでもかじってみる、
なんてことはない（まあ、一度かじっておけば、
だれもそれを食べたいとは思わないけどね）。
ただ言っておきたいのは、

獲物は、まわりに満ちあふれている

ってことさ。
だいたいは、
お腹におさめられるものか、
でなくても
遊びやこわしてみる
対象にはなるよ。

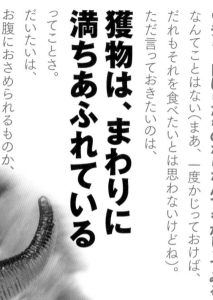

これはどうみても
マズそうだとか、
こわしたら
ヤバそうだとか
思っても、

とりあえずは
ビクつかないで
試してみることだな。

手つかずで置いてあるドーナツだって、
同僚の足だって、基本的な考え方は
同じだと心得ておくことだ。

#27 ビジネスで成功するための3つの法則

1 会議室の椅子はぜんぶ自分のものだと主張する。

そうすれば**だれもミーティングには参加できなくなり、すべての決定権をにぎる**ことになる。たとえぜんぶの椅子に、跳び乗っては降り、跳び乗っては降りを繰り返さなくてはならなくなったとしても。

2 新しい社員を採用しないように釘をさしておく。

ぼくらみたいな上昇志向旺盛なやつが増えたら、**どんな混乱を生じるか**、とくと考えさせておこう。

3 健康管理も大切だね。

繊維質の多いものを食べて、快便を心がけよう。たとえば段ボールをかじるとか。

第3章 キャリアを積み上げるということ

#28 自分自身のスタイルをアピールする

ビジネススーツを着てる連中見るとイラッとしない？

だって、**ネクタイ**って首輪みたいなもんでしょ？　まるでだれかの所有物みたいに見えるよね。もしノミ取り首輪と誤解されたら、ノミがたかってると思われるしね。

ネクタイだけじゃないさ。首にぶら下げた**IDカード**だって、なんか自由を奪われてるみたいでイヤな感じだよね。

ほんとうは、ウチらみたいに、**裸族がいちばん**なんだ。

きみたちだって、そうすればいいんだよ。**ありのままの自分**をしっかりアピールすべきだよ。**素っ裸でオフィスに行く**。それこそがきみたち自身のスタイルなんだって主張すればいい。

第3章

キャリアを積み上げるということ

ほんとうの自分を見せつける。

▽たしかになんにも着てないってのは、ヘンな目で見られるよね。

だれだって自分のファッションセンスは最高だって信じてるからね。誕生日にすてきな帽子を贈ってくれたり、自分好みのセーターを着せようとしたり、はたまたトナカイの角で飾り立てたいなんて言ったりしても、ウチらはただただ一心不乱に首を横に振り続けているのが正解なのだ。

▼とはいえ、自然体でいることこそが

▼万が一、ちっちゃなTシャツの襟ぐりがスポッと首まで

▼通ってしまったとしたら、

▼かみつくことも辞さない！って

▼いう気構えで騒ぎ立てれば、いつだって生

ことを知らせるんだ！

きみたちも、
もっと
自然にしたら
どうなんだ？

▼モノを着せようなんて、そんなヨコシマな考えは

▼**断固拒否だよ！**

▼キッと睨みつけて、怒り狂ってる

▼**最大の自己アピールなんだからね、**

まるで火でもついて燃え出したと言わんばかりに、爪でひっかいたりひっぱったりして、

▼**脱ぎ捨てちゃえばいい。**

まれたままの自然な姿でいられるってものさ。

#29 仕事場でマウントをとる方法

やさしく要求。「お願いします」はNGだ。

言葉じゃなく態度で示せって前に言ったけど、ここでは「ウチらなりのニンゲン関係」のこと。それも、**上下関係**のことだね。もっといえば**主従関係**。

「主」ならいいけど、「従」はイヤなのだ！ だから、だれによらず「お願い」なんかしちゃいけない。「主」の目線でいけば、「頼む」んじゃなくて「**要求する**」だよ。「**指示する**」のほうがいいかな。**ケンカ腰にはならない**。やんわりとね。**やさしく要求**。

具体的には、**相手のいちばん感じやすくて弱いところ**を、少しずつ力を入れながらふみふみ。プッシュ！プッシュ！だね。これは効く。ウチらの思い通り100％。このマッサージ攻撃を受ければ、だれだってこちらの要求を聞いてやりたくなる。**ウィークポイントをほめあげて攻める**ってところかな。

たとえウチらに**肩書**がなく、**勤務時間のほとんどは眠ってたって**、こうすれば力関係としては「主」になれるんだ。

相手のウィークポイントを攻めよう。

壁にとまっている
あれはなんだろう？
ハエ？　いや、こんなところに
ハエなんかいないよな。
シミみたいに見えるけど。
……ああ、やっぱりシミだ。
ちょっと待てよ。なんでシミが
しゃべってるんだ？
羽をブンブン鳴らすみたいに。
あ、部長がしゃべってるのか。
やれやれ。ったく、
こいつがハエだったら
いいのに！

まあきみの働きっぷりじゃあ、いずれ部長のオフィスに
呼びだされ、叱られるだろうな。でもひるんだり、
落ち込んだりすることはないよ。
ただ、部長をじっと見つめればいいんだ。
正確には、部長のむこうにある壁をね。
彼の小言などどこ吹く風。

#30 仕事の場でも自分らしく

ビジネスの世界にいると、たまに自分を見失うことがあるでしょ?

でも**オフィスの中でだって、自分探しはできる**んだって、覚えといて! デスクの上で丸くなり、なぜか片脚だけ突き出してぐっすり寝ている時間は別。そうじゃないときは自分の居場所を確かめるために、**オフィスの探検**に出かけるのも方法だよ。まず、ファイルキャビネットに跳び乗って**全体を見まわしてみよう**。それから、**あらゆるものに触ってみる**。**コピー機の後ろから同僚たちをそっとうかがう**。**隙あらばなんでも質問してみる**。「どれくらい押したらこれは倒れるの?」とか「ここで爪を研いでもいいんだよね?」とかいう簡単なことから始めるんだ。しまいに「どうしてここにハマっちゃったんだろう!?」なんてきくことになるかもしれない。

すると、同僚はちょっと言葉に窮してから、「それさあ、社長がお気に入りの**古伊万里の壺**なんだけどなあ」って、壺を必死で支えるハメになるんだけど。まあ、それも自分探しの答えのひとつだよ。

仕事の場で、自分の居場所をしっかりつくる。

モノにあふれている世界でも、ひもほどのスグレモノはないね。なにかを包むときに必要だし、凧だってひもがなかったらどっかへ飛んでっちゃう。

目の前でひもがぶらぶらしていたら、ひもは「遊んでよ」って誘ってるんだ。ひもは引っぱれば引っぱるほど、どんどん長くなる。しまいには、ウチらの体がグルグル巻きになってる次第。

ひもは、最高！

するとどっかから声がする。「あら、セーターの毛糸がほぐれてニャンコが毛糸まみれになってる！」。しかしいけないのは、毛糸がほつれているそのセーターを着ているのが、同僚だってことで。

第4章 自分のこと

自分が自分らしくあるために

失敗なんか怖れない！

#31 ともかく、まずは自分を信じる

なにか目的を達成しようと思ったら、やみくもに自分を信じることだよ。

「ゼッタイにできるッ！」って。

たとえば重力に逆らって高いところへ跳び上がるときなんか、まわりが悲痛な声で「危ない！　やめて〜ッ！」と叫んでも、「**デキる**」「**イケる**」と**信じて跳ぶ**。

たとえば6メートルの高さまで、と思って跳んだとき、5メートル95センチまで跳んで急に落下するハメになったとしよう。その瞬間だってまだイケると思ってる！　でも結局は、跳び乗るはずだった電灯に脚をひっかけて、電灯もろともまっさかさまに落ちる。

でも失敗を悪びれる必要なんかないし、痛いのはグッとこらえ、堂々と胸を張って歩き去れば、それはもう**勝ったも同然**なのだ。

まずは疾走！

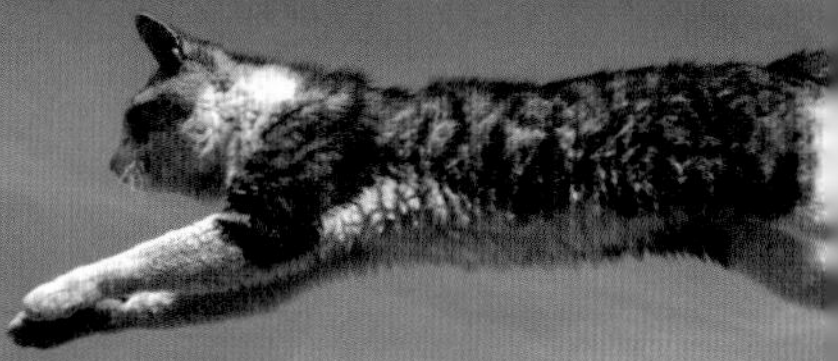

愛のきざし？
友情のぬくもり？
成功の可能性？
それとも、ネズミの気配？
いつもはまったく感じないのに、
ある日なにかの拍子に、
ふっとなにかが
頭をかすめることってあるじゃない？
これといって思いあたる
フシなんか全然ないのに。
そういうときは
全力で追いかけてみるんだ。
すべてのエネルギーを動員して、
光の速さで！
家族は悲鳴をあげるさ。

**「なにやってるの？ そんなとこになんにもないよ！
何度壁に頭をぶつけたら気がすむの？
自分の名前もわからないくらいバカになるよ！」**

でも最初からじっとしてちゃだめ。
まずは追いかける！
疾走する！
それが重要！
そのあとだ、じっと立ち止まるのは。
真っ白な壁を、
まばたきもせずじっと凝視する。
壁は白いままだけど、
そのうち、追いかけたものが
なんだったのか、
望んだものが、
必ず浮かびあがってくる！

#32 忙しいときこそ、ひと休みして深呼吸

走って走って走りまわり、また走って走って走りまわる。なんで走ってるのか自分だってわからない。

ただ走りまわる。そんなの、でも、**ごくごく日常。**

でも走り飽きたら、**ちょっと立ち止まってひと休み。**座って深呼吸して、後ろ脚を高くかかげて**ぺろぺろ**舐める。その**ぺろぺろ**がいいんだ。気持ちいい。自分がアイスクリームでできているんじゃないかって感じることもある。そんなときは、**ちょっと疲れているのかもしれないね。**舐めながら、自分をいつくしんでいる心持ちになってくるよ。

きみもね、**全速力で走りまわったら、たまには休んで深呼吸。**自分の疲れた脚をぺろぺろ舐めるといい。**走りまわるだけが人生じゃない**って。ひとりになって、**ゆったりした気分**でなんにも考えず、気がすむまで自分を舐めてあげるんだよ。

がんばったあとは、自分にやさしく。

第4章 自分のこと

ああ、家にいたいなあ〜。でも外に出かけるのもいいな〜。

いやいや、やっぱり家がいちばんか。

やっぱり引きこもろうかな〜。

上等！

う〜ん、でも出かければ
なんか楽しいことありそうだしなあ。

ええい、こうなったら
マヨネーズに足を突っ込んで遊んじゃえ！

あれもしたいこれもしたい、って
考えるのって、楽しいよね。
いいんだよ、あれこれ迷ったって。
それも知性なんだから。

優柔不断、

迷えば迷うほど
やりたいことリストはふくれあがるよ。
それをオカズにして
キャットフード3皿はいけるな。

#33 睡眠こそがなにより重要だ

ハードに仕事をこなし、ハードに遊ぶ。だからこそ、たっぷりと睡眠はとらなきゃいけない。

重要なのは睡眠だよ、睡眠!

眠りは、日々のわずらわしいやっかいごとから遠ざけてくれる。しかも眠っていれば、**まわりも気をつかって起こすまいとしてくれる。**どこで眠っていてもね。ソファやテーブルや洗面台やトイレやシャワー室が乗っ取られてもガマンしてくれるし、パソコンや携帯やテレビのリモコンが使えなくたって、気にしないフリをしてくれる。着ようとしていたシャツもきれいなタオルも、そこで寝落ちしたら、ほかのもので代用してくれるしさ。朝ごはんやランチや夕ごはんだってあきらめるかもしれない。

これがワン公だったら無理だね。ワン公は「動くな!」って命令される。頭や腕や脚や首が動かせなくたって、平気な顔されちゃうよ。**ニャンコの睡眠だけは尊重されるんだな。なにせ起きてるときはハードだからねえ。**

睡眠はたっぷりと。

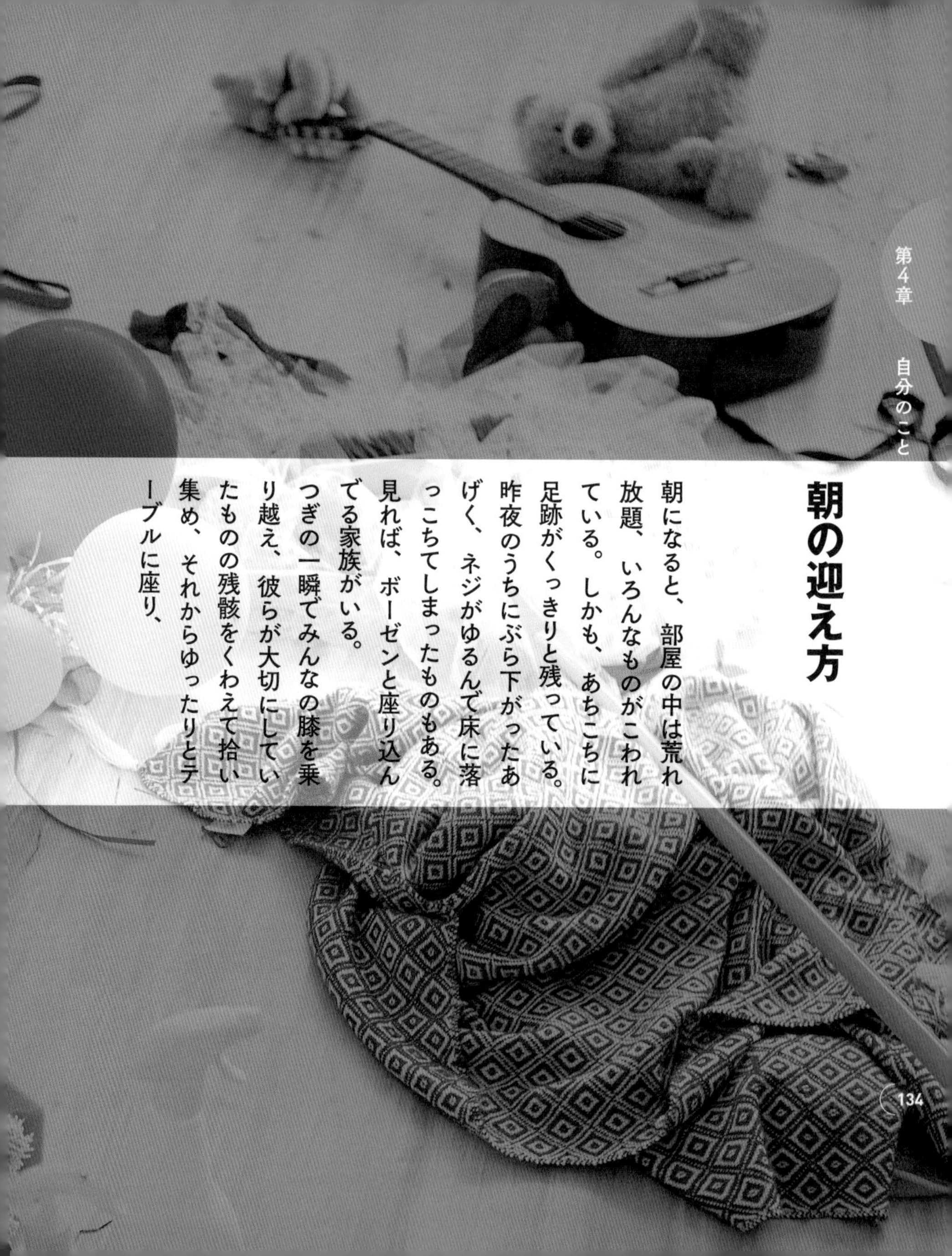

朝の迎え方

朝になると、部屋の中は荒れ放題、いろんなものがこわれている。しかも、あちこちに足跡がくっきりと残っている。昨夜のうちにぶら下がったあげく、ネジがゆるんで床に落っこちてしまったものもある。見れば、ボーゼンと座り込んでる家族がいる。

つぎの一瞬でみんなの膝を乗り越え、彼らが大切にしていたものの残骸をくわえて拾い集め、それからゆったりとテーブルに座り、

とびきりの
笑顔を浮かべて、
ココロをとろかす声で、

お腹すいた～

とひと鳴き。

そうすれば家族たちは怒り
も文句も忘れ、今日も素敵な
一日が始まる。
理由は簡単。
ウチらのこと、家族は
ゼッタイかわいいと
思ってるから。

きみもね、まわりに
かわいいと思われて
ないと自由はないよ。

#34 自分自身がいちばんの友だち

悲しいことがあったり、孤独な気分で意気消沈したら、鏡を覗きこんでみる。

鏡の中にはいちばんの友だちがいて、こちらを見つめ返してくれる。その子もぼくらとまったく**同じ顔**をしていて、**体つきもそっくり。**

こちらから目をそらすこともなく、じっと見つめ続けてくれる。その子に触ろうとすると、その子も触ろうとしてくる。

この混沌とした世の中で、**自分をずっと愛し守ってくれる友だちがいる**ことがわかれば、心の底からほっとできるんだ。

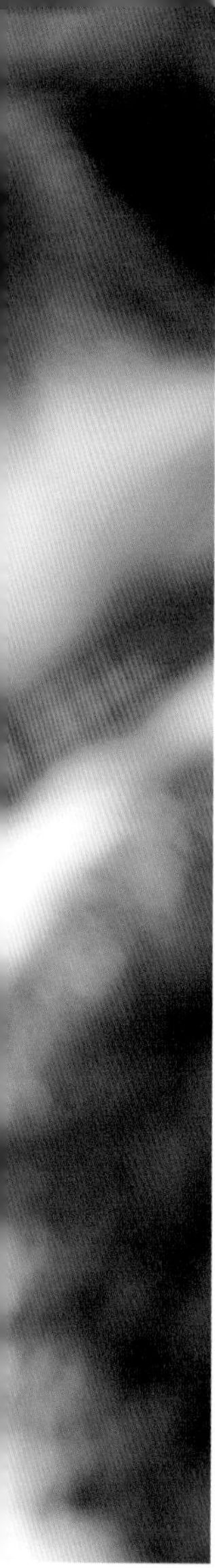

自分自身を見つめてみる。

お尻は誇り。

第4章　自分のこと

自分のお尻は、もっともっと誇ればいいのだ。

丸裸のお尻を、世界中に見せつけてやったらいい！

家族だって、近くでじっと見つめれば、
ため息まじりにつぶやくよ。
口のまわりに毛が生えているみたいでかわいい！
口紅でもつけてあげたくなっちゃうよ！
恥ずかしいと思ってた体の一部だって、そうやって
ほめられれば、自分自身がほめられたということに
なるだろう？　そうしたら、自分に誇りがもてる
ようになる。まわりの者だってウチらを
誇らしく思ってくれるはず。
みんながハッピー！

もちろんモノにはタイミングっていうのはある。「ちょっと食事中はね」って言われることもないではない。

チャンスはやってくる。

#35 ダメ！なんて言葉に耳を貸さない

きみの人生にだって、探せばチャンスはいくらだってあるんだよ。

なにか**目標を探しているとき**に、だれかがそれを察知して、「ダメ！」とか「お願い、やめて！」とか「おちおち値の張るものは置いとけないわねえ」とか言っても、ウチらにはぜんぜん耳を貸す気なんてないんだな。**隙なんて、いつだって見つかる**んだからね。

ほら、きみだってトイレに行くだろ？　うたた寝もするだろ？　チャンス到来！　だよ。ウチらは思うまま、秒で目的を果たすね。

#36 しあわせをゲットする3つのルール

1 まわりの人みんなを愛すること。

ただし、こっそりと。愛していることを秘密にしておけば、みんながウチらのご機嫌うかがいに躍起になる。

2 なにごともシラを切りとおし、だれのしわざか露見したときには逃げる。

3 体に触れさせる場合、間違ったやり方は拒否すること。

お尻のほうから頭に向かって、などは論外。

第4章

自分が自分らしくあるために

#37 ツンデレの極意を教えます

人には大きく分けて2つのタイプがあるよね。

困ったとき**すぐに助けを求めて甘える**タイプと、自立心が旺盛で**なんでも超然と自分で解決していく**タイプと。

他人に**干渉されるのは嫌いなくせに、困っているときだけはだれかを頼りにしたい。思いやりもアドバイスもほしい、ハグもしてほしい。**

でもだからって、**自分が甘ったれだなんて思うことはない**さ。**自分の自立心によって、目の前の相手を必要としているんだと思えばいい。自分の気持ちに素直なだけ**なんだって。

そう思って、困難を乗り切るまでは、だれかをそばにいさせてやればいいのさ。もちろんしつこくキスしてくるようだったら、その顔に爪を立ててやればいいよ。

第4章　自分が自分らしくあるために

自分の気持ちに素直になるだけだよ。

第4章 自分のこと

スクラップ&ビルド

ウチらの能力は多岐におよぶ。
もちろん「インテリアコーディネート」なんてお手のもの。
アート感覚で、好きなように部屋をつくりなおしたりする。

爪はしょっちゅう使う。
まずはあらゆるものを
こわすところから始まるさ。

再生には破壊がつきものだって
知ってるからね。

一連の「コーディネート」を始めると、
家族は先行きが心配になってくるらしい。
そのせいで、保険に入ったようだから大丈夫。
ウチらには追い風みたいなもんだ。安心して
コーディネートに精を出せる。

きみの人生設計なんかも
同じだよ。
現状にこだわっていないで、
いつも破壊を試みることだね。

#38 自信になるスゴ技を身につける

**ひとつでいいからさ、目の覚めるような
スゴ技をマスターしておくといいね。**

たとえば、いつもきちんと**決められた場所でオシッコできる**とか、名前を呼ばれたら**ちゃんと返事ができる**とか。そうすれば**ずっとほめられっぱなし**。ついでにタダ飯にもありつける。

まわりの人は大喜び。ウチらはウチらでそれなりの恩恵が受けられる、というウィンウィンのわかりやすい構図だ。

たとえばバーで、だれかが飲んでいるビールに頭を突っ込むなんてのも、スゴ技だよね。ウィンウィンといくかどうかはわからないけどさ。

なにか得意なことがひとつあるといいね。

ニンゲンはつねに自問する。「人生の意味とはなにか?」
少しわかりやすく言うと、

「生きている、と実感するのはどんなときか?」

そう言いかえれば、答えはそんなにむつかしくない。
ちょっとしたトラブルに、自分から突っ込んでいくとき、なんかだね。
小さな反乱を起こすときもそうでしょ。なににも縛られない、という
目も眩むような感覚を味わうとき、っていえるかな。

ウチらにとっては、たとえば、年に一度、家の中に出現するアレなんかだな。アレに果敢に攻撃を仕掛けるときなんか、ちょっと目が眩みそうになるね。

ほら、巨大なクリスマスツリーですよ。

大きな木がキラキラに飾られていて、麓には山と積まれた獲物！　家族全員の夢が満載、年に一度のお楽しみ大イベントだ！

ひと月も前から、みんなワクワクしながら準備してきたのは知ってる。**コレやっちゃったら、けっこうヤバいとはわかってる。**ヤバいから、戦闘が終わったら、さすがにしばらくは身を隠す。3日くらい姿を消すレベルの、ちょいワルだけどね。

でもそれこそ、世間さまに向かってぺろりと舌を出しながら、生きていると実感できる瞬間なのかもしれないよ。

#39 敬意をもって、新たな関係を築く

ひそかに反省するときがないでもない。ひどいことをやらかして、逃げるしかないときもある。

じっとしていたら頭ごなしに怒鳴りつけられ、「ごめんなさいは？」と詰め寄られる。そんなときは、ベッドの下や冷蔵庫の後ろにもぐりこむか、ソファのクッションとクッションのあいだに体をねじこみ、あたかもソファの一部になったかのように見せかける。1時間、たまには5時間くらい潜伏したら、居間に戻る。

そのときは「すみませんでした」とか「あなたがたのお怒りはごもっともです」なんていう、しおらしい態度は禁物。**「すべては終わったことですけど、なにか？」**っていうオーラをメいっぱい出す。そりゃあ家族たちは、**あまりにシレっとした態度にビックリ**する。ウチらはウチらで、こんなにめちゃめちゃになった部屋に、家族たちがまだ住んでいるってことにビックリだ。こんなふうに、ひとつの事件をきっかけに**おたがいのビックリを共有**する。そこから**また新たな結びつきが生まれる**、とは思わない？

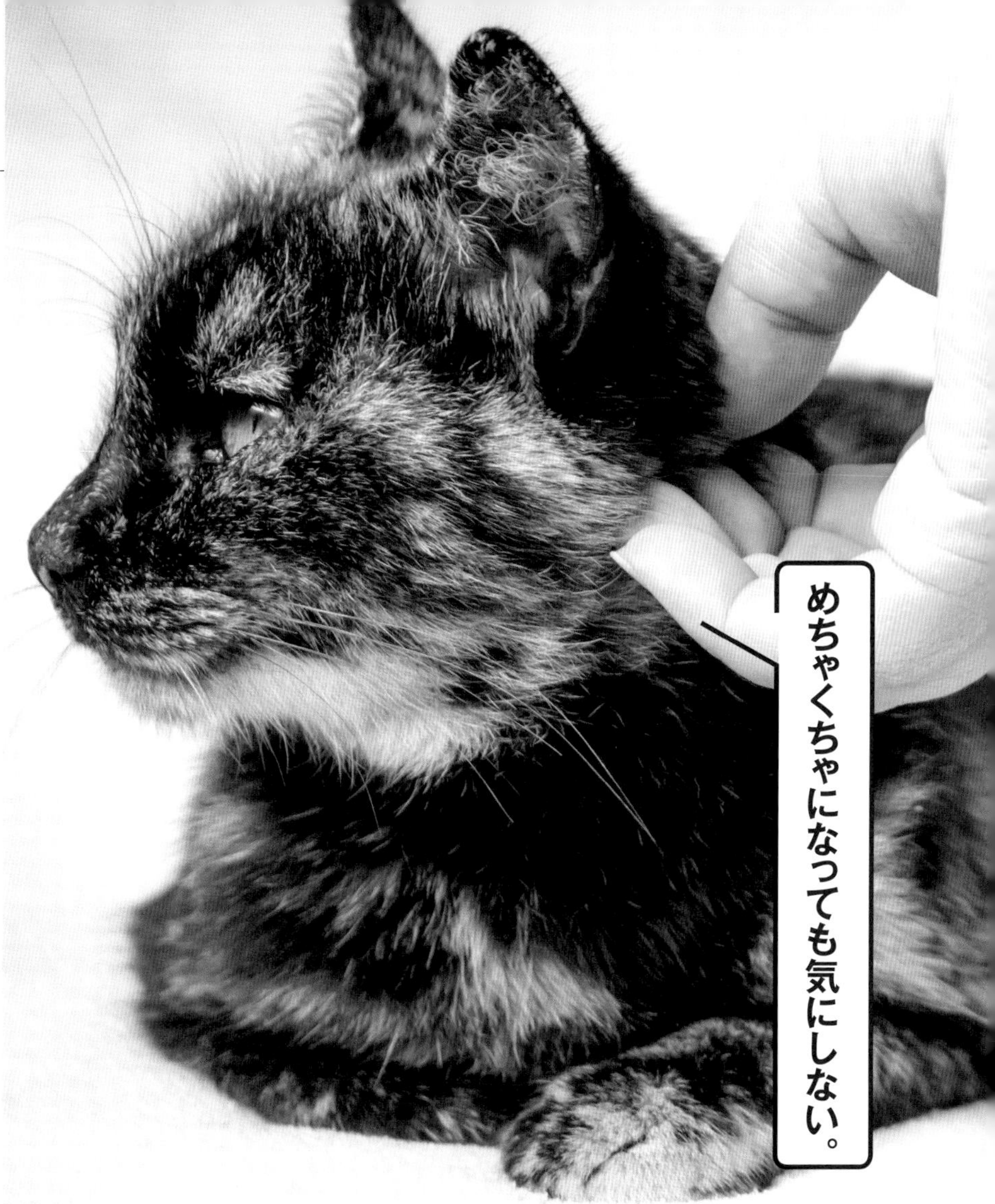
めちゃくちゃになっても気にしない。

K♥

きっかけなんてわからない。
家の中を、ただただやみくもに
走りまわるってことが
あるでしょ？
ウチらにはある。
なにか物音におびえたとか、
だれかから逃げているとか、
じゃなく、
気づいたらただ自分が走ってる。
きっと本能ってやつ。
「リビングルームだ！
急げ！　壁だ、壁！」ドスン！
「おっと、やっぱりあっちの壁だ！
ほら、どいてどいて！
ニャンコさまのお通りだ！」
なんて具合に。意味なんかない。
そんなとき、ほんとうは、
ほんの少しだけ落ち着いて、
われにかえってみればいいんだ。
冷静に考える間をつくれば、
むやみやたらと
壁に激突することもなくなるし、
わけがわかんなくて呆然、
なんてこともなくなる。

本能のままに

Q♣

なんで自分がそんなに
興奮してしまったのか、
原因を探ることが
できるかもしれない。
そのときカチッという音が
聞こえたとしても、
それはランプをつける
音じゃないな。
だってランプは、
きのう蹴り倒したばかりなんだって、
冷静な判断もくだせる。
それにしても、
なぜあんなに走りまわったのか？
ときどきあるんだよな。
わけもなく走りまわることが。
きみなんか、そういうことはないよね。
ニンゲンには、ウチらほどの
神秘的な本能は、
もう退化してしまったんだから。

あ、ランプ？
下等なニンゲンのだれかが掃除するさ。

本能のままに

#40 好奇心に気をつけろ

「猫に九生あり」っていうんだ。イギリスのことわざらしい。

つまり、簡単には死なないってことさ。ただ裏の意味は、そんなウチらでも**好奇心で命を落とすことがあるから気をつけろ**ってことらしいよ。好奇心をもっちゃいかんって言ってるみたいだけど、でも**「いま」って時間をボンヤリ過ごすのはもってのほかさ。一日一日を大切に生きなければね！**

さあ、いますぐ椅子から跳び降りて、きみがうっかり閉め忘れた**ドアから外に出てみようかな。**それで、濡れた草の上でごろごろしてみようかな。コレ、あんまりウチらのやることじゃなくて、よくワン公がやってるよね。でもやってみるとわかる。芝生がお尻や背中をくすぐる感覚は、なかなかいいもんだ。**この程度の好奇心ならぜんぜん問題ないさ。**

そう、きみもね、ただパソコンに向かってるだけじゃなくて、表に出てゴロゴロしてみなよ。**出てみないかぎり、なにが気持ちいいか、わからないよ。**

始めてみないと、なにもわからないよ。

PHOTO CREDITS

123RF
42・78-79 paylessimages ／ **68-69** 91010ra ／ **92** Hideharu Arai
133 TAKASHI OGASAWARA ／ **127下** leoba

iStock.com
10 FedotovAnatoly ／ **25** Veronika Ryabova ／ **31** Nataliia Pyzhova
32-33 FaST_9 ／ **35** Chalabala ／ **52-53** Asurobson
55・124・135・149 Nils Jacobi ／**81** chendongshan
111 VictorHuang ／ **115** deepblue4you ／ **120** Vitalii Bezverkhii
125 Denis Valakhanovich ／ **134** ElenaNichizhenova
138 Melissa Janssens ／ **146** MriyaWildlife ／ **148** Sonsedska

PIXTA
11・23 Graphs ／ **12** jpggifpng3 ／ **15・50** karin
24・119 aksenovko ／ **27** Syda Productions ／ **28-29・137** Cyrena111
36 Sayfutdinov ／ **37** seiko ／ **48上** office-pao ／ **48下** kosmos111
49中 kimonofish ／ **49上左** Sosiukin
59・102・126・127中 FurryFritz ／ **61** SPAWN83
62 3110ayaka ／ **63** helga1981 ／ **67** Nataliya Pyzhova
71 Pangaea ／ **75** MAGICAL MYSTERY CATS ／ **80** Endla Studio
86-87 domaine.etoiles ／ **88-89** horyn.vd ／ **93** alkir ／ **101** Anurak
103 Roman Sahaidachnyi ／ **109** nektarstock ／ **110** P Stock
127上 SA555ND ／ **129** Valerii Honcharuk ／ **130上** MakiEni
131中上 Timmary ／ **131上左・中下** アオサン ／ **136** alexytrener
139上 house0402 ／ **147下** らい ／ **157** aaron007
158-159 オレンジ-アマリリス

shutterstock
6-7 jamesjoong ／ **9** garetsworkshop ／ **13** Benoit Daoust
16 Vladislav Noseek ／ **18** Tony Campbell ／ **21** Ivan Yohan
39 kuban_girl ／ **40** Syda Productions ／ **44-45** Bachkova Natalia
47 MNStudio ／ **49下** Nicholas Ahonen ／ **49上右** KAMONRAT
51 Vpales ／ **54** Mark_KA ／ **56-57** Glue Promsiri
58 Angel House Studio ／ **60** Happy monkey ／ **64** Marta DM
65 Edoma ／ **72** katarinag ／ **73** Olga Gazdac ／ **77** Sari Oneal
82-83 Darya Lavinskaya ／ **84-85** Rita_Kochmarjova ／ **90-91** schankz
94 Tom Wang ／ **95** Real Moment ／ **97・116-117・140** Chendongshan
98-99 Tramp57 ／ **104-105** bmf-foto.de ／ **106-107** sophiecat
113 Koldunov Alexey ／ **121** Vasilev Evgenii ／ **122-123** N-sky
130下 Wedding and lifestyle ／ **131下** iwciagr ／ **131上右** mlollipop
139下 Robert Petrovic ／ **141** Africa Studio ／ **143** Sergei Kaliganov
145 haru ／ **147上** Elya Vatel ／ **150** Alena Haurylik
151 LightField Studios ／ **153** Ana Fidalgo
154 PHOTOCREO Michal Bednarek ／ **155** Luxurious Ragdoll

COVER PHOTO

表 shutterstock / kholywood
裏 shutterstock / Jum naiyana

BOOK DESIGN

山田尚志

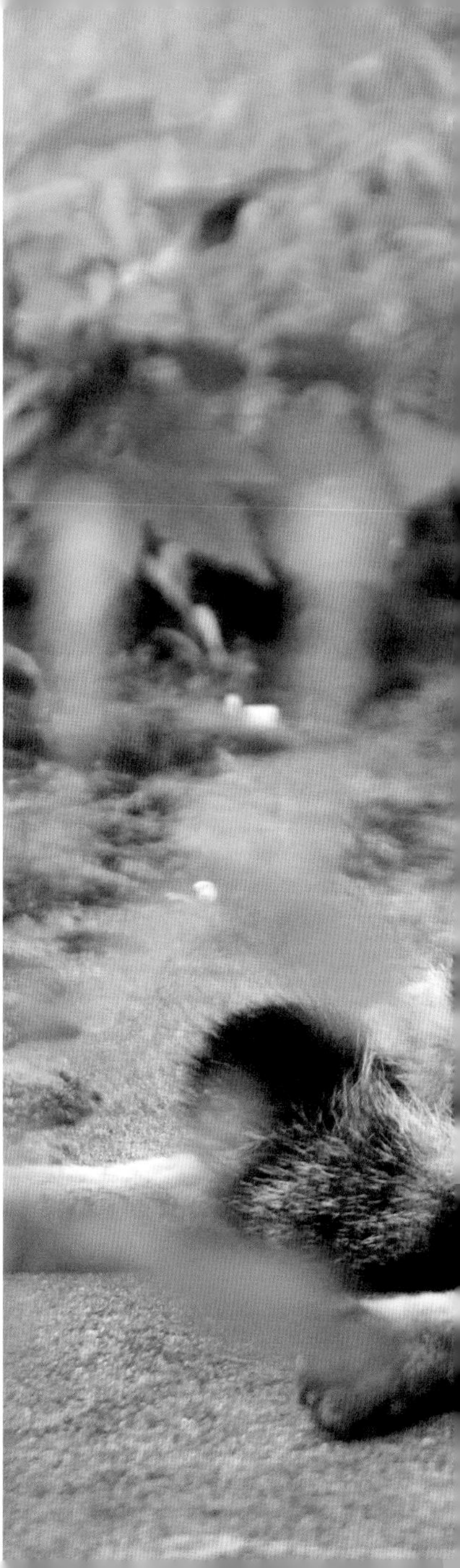

You Need More Sleep
Advice from Cats

Japanese translation rights arranged with the Mendel Media Group LLC of New York through Japan UNI Agency, Inc.

ニャンコ流でお気楽人生！
猫が教えてくれるストレスフリーな生き方

2020年11月25日　初版第1刷発行

著　者　フランチェスコ・マーシュリアーノ
訳　者　K&Bパブリッシャーズ
発行者　河村季里
発行所　株式会社 K&Bパブリッシャーズ
〒101-0054　東京都千代田区神田錦町2-7 戸田ビル3F
電話03-3294-2771　FAX 03-3294-2772
E-Mail info@kb-p.co.jp
URL http://www.kb-p.co.jp

印刷・製本　株式会社 シナノ パブリッシング プレス

落丁・乱丁本は送料負担でお取り替えいたします。

ISBN978-4-902800-66-1

K&B PUBLISHERS